Ir. Maria Belém (org.)

Citações bíblicas: *Bíblia Sagrada*.
Tradução da CNBB, 2ª ed., 2002.

Direção-geral: *Flávia Reginatto*
Editora reponsável: *Celina Weschenfelder*
Coordenação de revisão: *Marina Mendonça*
Revisão: *Ruth Mitzuie Kluska*
Direção de arte: *Irma Cipriani*
Gerente de produção: *Felicio Calegaro Neto*
Capa e produção de arte: *Cristina Nogueira da Silva*

14ª edição, 2010
20ª reimpressão, 2024

Nenhuma parte desta obra poderá ser reproduzida ou transmitida por qualquer forma e/ou quaisquer meios (eletrônico ou mecânico, incluindo fotocópia e gravação) ou arquivada em qualquer sistema ou banco de dados sem permissão escrita da Editora. Direitos reservados.

Cadastre-se e receba nossas informações
paulinas.com.br
Telemarketing e SAC: 0800-7010081

Paulinas
Rua Dona Inácia Uchoa, 62
04110-020 – São Paulo – SP (Brasil)
📞 (11) 2125-3500
✉ editora@paulinas.com.br
© Pia Sociedade Filhas de São Paulo – São Paulo, 2005

SANTO ROSÁRIO

*Com a reza do Rosário,
a pessoa alcança a graça em abundância,
como se a recebesse das mesmas mãos
da Mãe do Redentor.*

João Paulo II

COMO REZAR O ROSÁRIO

- Em nome do Pai, e do Filho e do Espírito Santo. Amém.
- **Oferecimento:** Divino Jesus, nós vos oferecemos este rosário que vamos rezar, contemplando e meditando os mistérios de nossa redenção. Concedei-nos, por intermédio da Virgem Maria, Mãe de Deus e nossa Mãe, a graça de rezá-lo bem a fim de alcançar o que pedimos.
- **Creio** em Deus Pai todo-poderoso, criador do céu e da terra. E em Jesus Cristo, seu único Filho, nosso Senhor, que foi concebido pelo poder do Espírito Santo; nasceu da Virgem Maria; padeceu sob Pôncio Pilatos, foi crucificado, morto e sepultado;

desceu à mansão dos mortos; ressuscitou ao terceiro dia; subiu aos céus, está sentado à direita de Deus Pai todo-poderoso, donde há de vir a julgar os vivos e os mortos. Creio no Espírito Santo, na Santa Igreja Católica, na comunhão dos santos, na remissão dos pecados, na ressurreição da carne, na vida eterna. Amém.

- **Pai nosso** que estais no céu, santificado seja o vosso nome, venha a nós o vosso Reino, seja feita a vossa vontade, assim na terra como no céu; o pão nosso de cada dia nos dai hoje, perdoai-nos as nossas ofensas, assim como nós perdoamos a quem nos tem ofendido, e não nos deixeis cair em tentação, mas livrai-nos do mal. Amém.

- **Ave, Maria,** cheia de graça, o Senhor é convosco; bendita sois vós entre as mulheres e bendito é o fruto do vosso ventre, Jesus. Santa Maria, Mãe de Deus, rogai por nós, pecadores, agora e na hora da nossa morte. Amém.

- **Glória** ao Pai, ao Filho e ao Espírito Santo. Como era no princípio, agora e sempre. Amém.

- No final de cada mistério, após o Glória, pode-se rezar uma jaculatória à escolha ou a que segue: *Ó meu Jesus, perdoai-nos, livrai-nos do fogo do inferno, levai as almas todas para o céu e socorrei principalmente as que mais precisarem da vossa misericórdia.*

- Segue abaixo o esquema para a recitação de cada parte do rosário.

Mistérios gozosos

Segundas-feiras e sábados

1º Anunciação do anjo Gabriel a Nossa Senhora
"Alegra-te, cheia de graça! O Senhor está contigo [...] Conceberás e darás à luz um filho, e lhe porás o nome de Jesus" (Lc 1,26-38).

2º Visita de Nossa Senhora a sua prima, Santa Isabel
"Como mereço que a mãe do meu Senhor venha me visitar?" [...] Maria ficou três meses com Isabel. Depois voltou para sua casa (Lc 1,39-56).

3º Nascimento de Jesus na gruta de Belém

Maria deu à luz o seu filho primogênito, envolveu-o em faixas e deitou-o numa manjedoura, porque não havia lugar para eles na hospedaria (Lc 2,1-20).

4º Apresentação do menino Jesus no Templo

Maria e José levaram o menino a Jerusalém para apresentá-lo ao Senhor [...] Simeão tomou-o nos braços e louvou a Deus (Lc 2,21-40).

5º Encontro de Jesus no Templo entre os doutores

Depois de três dias, o encontraram no templo, sentado entre os mestres, ouvindo-os e fazendo-lhes perguntas (Lc 2,41-52).

Mistérios luminosos

Quintas-feiras

1º Batismo de Jesus no rio Jordão
Jesus foi batizado por João, no rio Jordão [...]. E do céu veio uma voz: "Tu és o meu Filho amado; em ti está meu pleno agrado" (Mc 1,9-11).

2º Primeiro milagre de Jesus nas bodas de Caná
A mãe de Jesus lhe disse: "Eles não têm vinho". Jesus lhe respondeu: "[...] A minha hora ainda não chegou". Sua mãe disse aos que estavam servindo: "Fazei tudo o que ele vos disser!" (Jo 2,1-12).

3º Anúncio do Reino de Deus e convite à conversão
"Completou-se o tempo, e o Reino de Deus está próximo. Convertei-vos e crede na Boa-Nova" (Mc 1,15).

4º Transfiguração de Jesus
Jesus foi transfigurado diante deles: seu rosto brilhou como o sol e suas roupas ficaram brancas como a luz (Mt 17,1-13).

5º Instituição da Eucaristia
Jesus tomou o pão, pronunciou a bênção, partiu-o e lhes deu, dizendo: "Tomai, isto é o meu corpo" [...]. "Este é o meu sangue da nova Aliança, que é derramado por muitos" (Mc 14,22-25).

Mistérios dolorosos

Terças e sextas-feiras

1º Oração e agonia de Jesus no horto das Oliveiras
"Pai, se quiseres, afasta de mim este cálice; contudo, não seja feita a minha vontade, mas a tua!" (Lc 22,39-46).

2º Flagelação de Jesus
Pilatos, querendo satisfazer a multidão, soltou Barrabás, mandou açoitar Jesus e entregou-o para ser crucificado (Mc 15,1-15).

3º Coroação de espinhos em nosso Senhor
Trançaram uma coroa de espinhos, puseram-na em sua cabeça, e uma vara em sua mão direita (Mt 27,27-31).

4º Subida dolorosa de Jesus ao Calvário

Seguia-o uma grande multidão do povo, bem como de mulheres que batiam no peito e choravam por ele. Jesus, porém, voltou-se para elas e disse: "[...] não choreis por mim! Chorai por vós mesmas e por vossos filhos" (Lc 23,26-43).

5º Crucifixão e morte de Jesus na cruz entre dois ladrões

Às três da tarde, Jesus gritou com voz forte: "Meu Deus, meu Deus, por que me abandonaste?". [...] Quando o centurião [...] viu que Jesus assim tinha expirado, disse: "Na verdade, este homem era Filho de Deus!" (Mc 15,33-41).

Mistérios gloriosos

Quartas-feiras e domingos

1º Ressurreição de nosso Senhor Jesus Cristo
Ide depressa contar aos discípulos: "Ele ressuscitou dos mortos e vai à vossa frente para a Galiléia. Lá o vereis" (Mt 28,1-15).

2º Ascensão de Jesus Cristo ao céu
Enquanto os abençoava, afastou-se deles e foi levado ao céu. Eles o adoraram. Em seguida voltaram para Jerusalém, com grande alegria (Lc 24,50-53).

3º Vinda do Espírito Santo sobre Nossa Senhora e os apóstolos

"Todos ficaram cheios do Espírito Santo e começaram a falar em outras línguas, conforme o Espírito lhes concedia expressar-se" (At 2,1-13).

4º Assunção gloriosa de Nossa Senhora ao céu

Então apareceu no céu um grande sinal: uma mulher vestida com o sol, tendo a lua debaixo dos pés e, sobre a cabeça, uma coroa de doze estrelas (Ap 12,1-18).

5º Coroação de Nossa Senhora como Rainha do céu e da terra

Maria disse: "Todas as gerações, de agora em diante, me chamarão feliz, porque o Poderoso fez para mim coisas grandiosas" (Lc 1,39-56).

- **Agradecimento:** Infinitas graças vos damos, soberana Rainha, pelos benefícios que todos os dias recebemos de vossas mãos liberais. Dignai-vos, agora e para sempre, tomar-nos sob vosso poderoso amparo, e para melhor expressarmos o nosso agradecimento vos saudamos com uma salve-rainha.

- **Salve, Rainha,** Mãe de misericórdia, vida, doçura e esperança nossa, salve! A vós bradamos, os degredados filhos de Eva, a vós suspiramos, gemendo e chorando neste vale de lágrimas. Eia, pois, advogada nossa, esses vossos olhos misericordiosos a nós volvei, e depois deste desterro mostrai-nos Jesus, bendito fruto do vosso ventre, ó clemente, ó piedosa, ó doce sempre Virgem Maria!
Rogai por nós, Santa Mãe de Deus, para que sejamos dignos das promessas de Cristo.
Amém.

LADAINHA DE NOSSA SENHORA

Senhor, tende piedade de nós.
Cristo, tende piedade de nós.
Senhor, tende piedade de nós.
Jesus Cristo, ouvi-nos.
Jesus Cristo, atendei-nos.

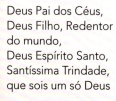

Deus Pai dos Céus,　　　　tende piedade de nós.
Deus Filho, Redentor
do mundo,　　　　　　　tende piedade de nós.
Deus Espírito Santo,　　　 tende piedade de nós.
Santíssima Trindade,
que sois um só Deus　　　tende piedade de nós.

Santa Maria,　　　　　　　　rogai por nós.
Santa Mãe de Deus,　　　　 rogai por nós.
Santa Virgem das virgens,　 rogai por nós.
Mãe de Jesus Cristo,　　　　rogai por nós.
Mãe da Divina Graça,　　　　rogai por nós.
Mãe puríssima,　　　　　　　rogai por nós.
Mãe castíssima,　　　　　　 rogai por nós.
Mãe imaculada,　　　　　　 rogai por nós.
Mãe intacta,　　　　　　　　 rogai por nós.
Mãe amável,　　　　　　　　rogai por nós.
Mãe admirável,　　　　　　 rogai por nós.
Mãe do bom conselho,　　　rogai por nós.
Mãe do Criador,　　　　　　rogai por nós.

Mãe do Salvador,	rogai por nós.
Mãe da Igreja,	rogai por nós.
Virgem prudentíssima,	rogai por nós.
Virgem venerável,	rogai por nós.
Virgem louvável,	rogai por nós.
Virgem poderosa,	rogai por nós.
Virgem benigna,	rogai por nós.
Virgem fiel,	rogai por nós.
Espelho de justiça,	rogai por nós.
Sede da sabedoria,	rogai por nós.
Causa da nossa alegria,	rogai por nós.
Vaso espiritual,	rogai por nós.
Vaso honorífico,	rogai por nós.
Vaso insigne de devoção,	rogai por nós.
Rosa mística,	rogai por nós.
Torre de Davi,	rogai por nós.
Torre de marfim,	rogai por nós.
Casa de ouro,	rogai por nós.
Arca da Aliança,	rogai por nós.
Porta do Céu,	rogai por nós.
Estrela da manhã,	rogai por nós.
Saúde dos enfermos,	rogai por nós.
Refúgio dos pecadores,	rogai por nós.
Consoladora dos aflitos,	rogai por nós.
Auxílio dos cristãos,	rogai por nós.
Rainha dos anjos,	rogai por nós.
Rainha dos patriarcas,	rogai por nós.
Rainha dos profetas,	rogai por nós.
Rainha dos apóstolos,	rogai por nós.

Rainha dos mártires, rogai por nós.
Rainha dos confessores, rogai por nós.
Rainha das virgens, rogai por nós.
Rainha de todos os santos, rogai por nós.
Rainha concebida
sem pecado original, rogai por nós.
Rainha assunta ao céu, rogai por nós.
Rainha do Santíssimo Rosário, rogai por nós.
Rainha da paz, rogai por nós.
Cordeiro de Deus, que tirais o pecado do mundo, perdoai-nos, Senhor.
Cordeiro de Deus, que tirais o pecado do mundo, ouvi-nos, Senhor.
Cordeiro de Deus, que tirais o pecado do mundo, tende piedade de nós.

Rogai por nós, Santa Mãe de Deus, para que sejamos dignos das promessas de Cristo.

Oremos: Jesus, nós vos agradecemos porque nos destes Maria como mãe. Maria, nós vos agradecemos porque destes à humanidade Jesus Divino Mestre, Caminho, Verdade e Vida, e porque nos aceitastes como vossos filhos. Cheios de confiança, colocamos em vossas mãos as necessidades, os sofrimentos e as alegrias de nossa família e do nosso povo. Acolhei-nos e abençoai-nos, ó Mãe e protetora nossa, agora e para sempre. Amém.

Consagração a Nossa Senhora Aparecida

Senhora Aparecida, eu vos consagro os meus trabalhos, sofrimentos e alegrias; o meu corpo, a minha alma e toda a minha vida. Eu vos consagro a minha família. Ó Senhora Aparecida, livrai-nos de todo mal, das doenças e do pecado. Abençoai as nossas famílias, os doentes, as criancinhas.

Abençoai a Santa Igreja, o papa e os bispos; os sacerdotes e ministros religiosos e leigos. Abençoai a nossa paróquia e o nosso pároco. Senhora Aparecida, lembrai-vos que sois a padroeira poderosa da nossa pátria. Abençoai, protegei e salvai o vosso Brasil. E dai-nos a vossa bênção. Amém.

Consagração a Nossa Senhora

Ó Senhora minha! Ó minha boa Mãe! Eu me ofereço todo(a) a vós e, em prova da minha devoção para convosco, vos consagro, neste dia, meus olhos, meus ouvidos, minha boca, meu coração, meus pensamentos, meu trabalho, minha família, meus amigos e todo o meu ser. E, porque assim sou vosso(a), ó incomparável Mãe, guardai-me e defendei-me como pessoa e propriedade vossa. Amém!

Oração pelas vocações

Senhor, nosso Deus. Um dia, olhando as multidões cansadas e abatidas, vosso filho Jesus disse que a messe é grande e os operários são poucos. Hoje, mais de dois mil anos depois, a messe continua imensa, e reduzido é o número de operários.

Vós, que sois o Senhor da messe, cuja vontade é a de que a messe não se perca, suscitai operários. Chamai, despertai vocações sacerdotais, religiosas e leigas.

Que cada um dos chamados, segundo a vossa escolha, seja fiel ao anunciar vossa Palavra, levar a esperança, orientar, confortar, curar, libertar, fomentar a partilha, garantir o direito e a justiça e privilegiar a vida.

Sustentai, Senhor, a fidelidade dos sacerdotes, bispos, religiosos, religiosas e lideranças leigas e continuai chamando de dentro de nossa família e comunidade tantos e quantos operários sejam necessários para o trabalho da messe. Ouvi, Senhor, a nossa prece! Amém!

A colheita é grande, mas os trabalhadores são poucos. Pedi, pois, ao Senhor da colheita que mande trabalhadores para sua colheita (Lc 10,2).

Oração à Sagrada Família

Ó Maria, mãe feliz de Jesus, cheia de graça como o anjo proclamou, com profunda e inquebrantável confiança dirijo a vós a minha súplica: derramai vossas bênçãos maternas sobre meu(minha) esposo(a) e meus filhos e alcançai a graça para que eles não se desviem do caminho do Senhor. Creio que a vossa prece tem muito mais força do que a minha. Então, rogai por nós, Santa Mãe de Deus!

São José, pai adotivo do divino Redentor, intercedei por minha família, para que o nosso lar seja cheio de paz, um santuário da vida.

Maria Santíssima, dai-nos sempre a proteção de vossa materna intercessão e alcançai para minha família a graça que vos suplico *(fazer o pedido)*. Tenho a certeza de alcançá-la por vossa intercessão e pelo poder de vosso filho Jesus Cristo. Amém. *(Rezar: pai-nosso, ave-maria, glória.)*

Oração para a chegada da capelinha

Querida Mãe do céu, nossa casa está de portas abertas para vos receber. Aberto também está nosso coração.

Permanecei conosco! Aquecei nosso lar com vossa ternura. Ensinai-nos a ser uma família unida, amorosa, dialogante, fervorosa, parecida com a vossa Sagrada Família. Que nossa casa seja uma Igreja doméstica, lugar de perdão, do pão multiplicado e repartido, um lugar abençoado. Querida Mãe Maria, intercedei junto a Deus por todos nós. Amém!

Oração para a despedida da capelinha

Santa Mãe, Maria, a capelinha deixa hoje nossa casa, mas a nossa fé nos garante que vossa presença continuará entre nós. E, na força dessa fé, queremos consagrar à vossa materna proteção a vida de cada morador desta casa.

Continuai, ó Mãe, derramando sobre nós todas as graças necessárias, especialmente a da obediência aos ensinamentos do vosso amado filho Jesus. Que a força daquelas vossas sábias palavras, nas bodas de Caná, continue ecoando dentro de nós como um conselho a ser observado: "Fazei tudo o que ele vos disser".

Intercedei por nós, para que sejamos dóceis à ação do Espírito Santo e, assim, possamos ouvir, entender e praticar a Palavra divina. Amém!

PENSAMENTOS SOBRE O ROSÁRIO

"Com o Rosário, o povo cristão
aprende de Maria
a contemplar a beleza do rosto de Cristo
e a experimentar a profundidade de seu amor."

★

"O Rosário me acompanhou
nos momentos de alegria e nos de tribulação.
A ele confiei tantas preocupações
e nele sempre encontrei consolo."

★

"Compreendido em seu pleno significado,
o Rosário conduz ao coração da vida cristã
e oferece uma oportunidade cotidiana e fecunda,
espiritual e pedagógica, para a contemplação
pessoal, a formação do povo de Deus
e da nova evangelização."

★

"Percorrer com Maria as cenas do Rosário
é como ir à 'escola' de Maria para ler a Cristo,
para penetrar em seus segredos,
para entender sua mensagem."

★

"O Rosário é minha oração predileta.
Prece maravilhosa. Maravilhosa em sua
simplicidade e em sua profundidade."

João Paulo II

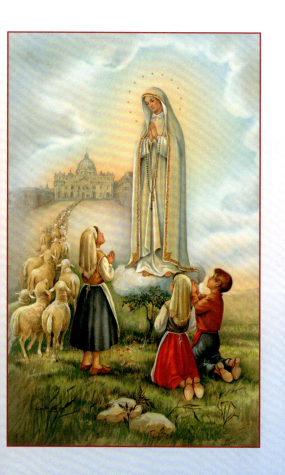

Rua Dona Inácia Uchoa, 62
04110-020 – São Paulo – SP (Brasil)
Tel.: (11) 2125-3500
paulinas.com.br – editora@paulinas.com.br
Telemarketing e SAC: 0800-7010081